JOURNAL für die Frau

Grazing

Das neue Diät-Wunder

Power*book*

südwest

Inhaltsverzeichnis

Mehr essen, weniger wiegen

Σ 1200 (1400) Kal.

Das Geheimnis der Grazing-Diät

Schlemmen Sie sich schlank

Siebenmal täglich essen und dabei auch noch schlank werden? Das kann nur ein Wunder sein. Stimmt, die Grazing-Diät ist die Ernährungs-Revolution aus Amerika. »Grazing« bedeutet wörtlich übersetzt »grasen«. Denn abgeguckt haben die Amerikaner das Schlemm-dich-schlank-Prinzip bei den Tieren, die immer dann essen, wenn der kleine Hunger kommt. Die einfache Regel: Statt drei Mega-Portionen gibt es täglich sieben Mini-Mahlzeiten. Denn Wissenschaftler konnten nachweisen, dass der menschliche Körper bei vielen kleinen Portionen mehr Kalorien verbrennt und Fettpfunde dadurch wie von selbst schmelzen. Ganz nebenbei werden Sie auch noch fitter. Denn kleine Mahlzeiten versorgen den Körper laufend mit neuer Energie und bringen den Stoffwechsel so richtig auf Hochtouren.

Und so funktioniert der sensationelle Ess-dich-schlank-Plan: Es gibt täglich sieben Mahlzeiten bzw. Snacks mit insgesamt 1400 Kalorien. Dabei entfallen auf Mittag- und Abendessen jeweils 300 Kalorien. Der Rest wird gleichmäßig über den Tag verteilt – vom Frühstück bis zum Betthupferl.

Tipp

Wenn die Waage gleich Erfolge zeigen soll, um die Motivation zu steigern, kommt es auch auf das richtige Timing an. Vor und während der Menstruation speichert der Körper, beeinflusst durch die Hormone, bis zu zwei Liter Wasser. Deshalb mit dem Diäten immer erst nach den Tagen loslegen.

Let's snack!

So kommt Ihr Stoffwechsel in Schwung

Das Snacking-Prinzip ist die praktische Umsetzung wissenschaftlicher Studien. Der Schweizer Ernährungswissenschaftler Professor Hans Somogyi untersuchte zwei Testgruppen. Die eine bekam drei große Mahlzeiten, die andere viele kleine Snacks sowie 800 Kalorien pro Tag zusätzlich. Das verblüffende Ergebnis: Die Probanden der Snack-Gruppe nahmen ruck, zuck bis zu elf Pfund ab, obwohl sie mehr gegessen hatten! Wie das geht? Der Körper legt quasi den Turbo-Gang ein, erklärt Professor Walter Feldheim vom Institut für Humanernährung der Uni Kiel. Isst man viele Mini-Portionen, müssen Magen und Darm mehr Verdauungsarbeit leisten. Außerdem kommt es zu einer erhöhten Wärmebildung (Thermogenese). Vereinfacht ausgedrückt heißt das: Je mehr Mini-Mahlzeiten man isst, desto mehr Kalorien verpuffen nutzlos. Weil der Körper die Kalorien aber braucht, greift er die Reserven an. Die Folge: Die Fettpolster werden abgebaut.

Erfolgreich abnehmen
Tag für Tag Pfunde verlieren

Mit der Grazing-Diät können Sie in einer Woche bis zu sieben Pfund abnehmen. Wie viel Sie tatsächlich abnehmen, ist jedoch vom Ausgangsgewicht abhängig. Frauen mit großem Übergewicht nehmen schneller ab als Frauen, die nur ein oder zwei Kilo zu viel wiegen. Männer nehmen sogar noch einfacher ab, weil sie Kalorien schneller und besser verbrennen. Das haben amerikanische Forscher vom Medical Center Baltimore (Maryland) in verschiedenen Studien herausgefunden. Der Grund: Frauen haben mehr Fettzellen, Männer mehr Muskelzellen. Die aktiven Muskelzellen verbrauchen viele Kalorien, die passiven Fettzellen dagegen so gut wie keine. Deshalb kommen Frauen auch mit knapp 25 Prozent weniger Energie aus als Männer. Die Struktur

Tipp

Wer abnehmen will, muss sich auch körperlich betätigen. Denn Bewegung hält den Kreislauf in Schwung, verbraucht zusätzliche Kalorien und strafft den Body. Zwei- bis dreimal Sport in der Woche ist optimal (am besten Ausdauersportarten wie Schwimmen, Rad fahren und Joggen). Besonders wichtig dabei: Mindestens 20 Minuten am Stück trainieren. Erst nach dieser Zeit wird Fett abgebaut. Eine kürzere Trainingsdauer verbessert zwar die Kondition, lässt aber keine Fettpfunde schmelzen.

Wenn Sie sich ausgewogen und fettarm ernähren, schmelzen die Pfunde nur so dahin.

- Zitronen oder Limetten im Mineralwasser geben Geschmack und kurbeln gleichzeitig den Stoffwechsel an.
- Obst liefert dem Körper lebenswichtige Vitamine, Mineralstoffe und Spurenelemente in ausgewogener Mischung.
- Verwenden Sie zum Braten Maiskeimöl. Bereits ein Teelöffel deckt ein Sechstel des täglichen Vitamin-E-Bedarfs.

der Zellen ist also auch ein Grund dafür, dass Frauen nicht nur schlechter abnehmen, sondern auch schneller dick werden.
Die Grazing-Diät ist aber nicht nur für all diejenigen geeignet, die auf die Schnelle ein paar Pfund abnehmen wollen. Denn sie ist keine einseitige Crash-Kur, sondern basiert auf einer ausgewogenen Mischkost, die dem Körper alle lebensnotwendigen Nährstoffe liefert. Deshalb können Sie mit der Grazing-Diät so lange weiter machen, bis Sie Ihr Wunschgewicht erreicht haben.

Satt essen erlaubt

Diät ohne Hungern

Versuchen Sie nicht, zusätzlich Kalorien zu sparen, sondern essen Sie immer alles auf. Denn nur so bekommen Sie sämtliche wichtigen Nährstoffe. Aber zwingen Sie sich zu nichts. Wenn Sie beim Frühstück den Apfel zum Käsetoast nicht mehr schaffen oder mittags schon nach der halben Portion satt sind, dann essen Sie den »Rest« einfach später als zusätzlichen Snack.
Weniger streng sollten Sie es mit den Zutaten halten. Wenn Sie ein bestimmtes Gemüse nicht mögen, können Sie es durch eine andere Sorte ersetzen, z. B. Paprika durch Tomaten. Statt Äpfel essen Sie Weintrauben und anstelle des Fisches nehmen Sie einfach mageres Fleisch wie Schweinefilet, Hähnchen- oder Putenbrust oder ein gekochtes Ei. Vegetarier ersetzen Fleisch durch andere Nahrungsmittel, die hochwertiges Eiweiß liefern. Das sind vor allem Tofu (Sojaquark), Milchprodukte wie Quark, Joghurt und magere Käsesorten sowie Eier.

Die kleinen Diätsünden

Vorsicht bei Fett und Salz

Bestimmt kennen auch Sie den Moment, in dem Sie der Heißhunger nach Süßem überfällt. Sich jetzt völlig zu kasteien wäre ganz falsch. Versuchen Sie auch nicht, die Süßhungerattacken durch Möhrenknabbern in den Griff zu kriegen, das geht garantiert schief. Denn je mehr Sie sich verbieten, desto

Tipp

Sind Sie Diabetiker? Auch dann dürfen Sie die Grazing-Diät mitmachen – vorausgesetzt, Sie sind gut »eingestellt«. Sicherheitshalber sollten Sie vor der Diät Ihren behandelnden Arzt informieren. Und bei den süßen Sachen am Nachmittag müssen Sie auf spezielle Diabetikerprodukte (Kekse, Riegel) ausweichen.
Wenn Sie gerade schwanger sind, herrscht Diät-Verbot. Denn in der Schwangerschaft und während der Stillzeit haben Frauen einen höheren Nährstoffbedarf. Selbst eine ausgewogene Diät wie die Grazing-Diät kann deshalb zu Mangelerscheinungen bei Mutter und Kind führen.

größer wird das Verlangen. Und dadurch steigt die Gefahr, plötzlich unkontrolliert »loszuschlagen«. Professor Volker Pudel von der Universität Göttingen rät stattdessen, der Lust in Maßen nachzugeben. Essen Sie mit gutem Gewissen ein paar Gummibärchen, Lakritze, Geleefrüchte, Fruchtbonbons, einige Stückchen Russisch Brot oder Baiser. Denn diese Süßigkeiten enthalten im Gegensatz zu Schokolade oder Riegeln kein Fett und machen deshalb auch nicht fett!
Aber nicht nur am Fett sollten Sie während einer Diät sparen. Geizen Sie auch mit Salz. Denn es bindet Wasser im Körper und behindert so den natürlichen Entschlackungprozess beim Abnehmen. Gesunde Alternativen sind frische Kräuter und scharfe Gewürze. Petersilie, Schnittlauch, Dill und Co. liefern eine Extraportion Vitamine und Mineralstoffe. Biostoffe aus Curry, Pfeffer und Paprika aktivieren den Stoffwechsel und fördern so den Fettabbau. Außerdem verfeinern diese Gewürze jedes Gericht und schmecken einfach herrlich!

Tipp

Das kennt jeder: Obwohl die Pfunde am Anfang nur so purzeln, zeigt die Waage nach der ersten Diätwoche plötzlich kein Gramm weniger an! Der Grund: Ihr Körper hat sich jetzt umgestellt und verbrennt überwiegend Fett. Und in einem einzigen Gramm Fett stecken mehr als doppelt so viele Kalorien wie in der gleichen Menge Kohlenhydrate oder Eiweiß. Deshalb stagniert das Gewicht erst einmal. Jetzt nur nicht aufhören. Nach zwei bis drei Tagen geht's dann weiter.

Vitamin C ist ein natürlicher Fatburner. Essen Sie deshalb jeden Tag eine Portion frisches Obst.

Trinken, trinken, trinken...
Ihr Körper braucht jetzt Flüssigkeit

Weil der Körper beim Abnehmen besonders viel Flüssigkeit braucht, müssen Sie gerade jetzt ausreichend trinken. 2,5 bis 3 Liter am Tag sind ein Muss. Ein positiver Nebeneffekt: Durch die Flüssigkeitszufuhr wird das Hungergefühl noch zusätzlich gedämpft. Am besten sind Mineralwasser, Kräuter- und Früchtetees. Weil Koffein entwässert, sollten Sie zu jeder Tasse Kaffee oder schwarzem Tee ein zusätzliches Glas Wasser trinken.
Zu besonderen Anlässen ist auch einmal ein Glas Wein erlaubt. Ansonsten gilt: Während der Diät möglichst ganz auf Alkohol verzichten. Denn Alkohol liefert nicht nur reichlich Kalorien – nämlich sieben pro Gramm –, sondern blockiert auch noch den Fettabbau in der Leber. Außerdem steigt die Lust, nebenbei eine Kleinigkeit zu knabbern, und die Hemmschwelle, den Gelüsten nachzugeben, sinkt mit jedem Schlückchen.

Tipp
Greifen Sie bloß nicht zu Abführmitteln (z.B. Tee oder Pille), wenn die Verdauung einmal zwei, drei Tage streikt. Trinken Sie stattdessen vor dem Frühstück ein Glas Obstessig mit einer Messerspitze Ascorbinsäure (Vitamin-C-Pulver aus der Apotheke). Eine sichere Hilfe für alle hartnäckigen Fälle: Sauerkrautsaft.

Schluss mit dem Jojo-Effekt
So bleiben Sie auf Dauer schlank

Sie haben Ihr Traumgewicht erreicht? Gratulation! Um es zu halten, dürfen Sie nun aber nicht in die alten Essgewohnheiten zurückfallen. Snacken Sie auch weiterhin und essen Sie täglich fünf bis sieben Mini-Mahlzeiten. Geizen Sie mit Fett und verzichten Sie beim Würzen auf zu viel Salz. Bevorzugen Sie mageres Fleisch und Geflügel sowie fettreduzierte Wurst- und Käsesorten. Essen Sie reichlich Gemüse, Salat und frische Früchte. Zubereitungsmethoden wie Dünsten und Dämpfen oder fettarmes Braten in beschichteten Pfannen sparen Kalorien, schonen Vitamine und Mineralstoffe und unterstreichen den Eigengeschmack der Speisen. Und auch der gefürchtete Jojo-Effekt hat keine Chance mehr!

Käsesandwich und Rohkost sind ein leichter Mittag-Snack.

250 Kal.

8.00 Frühstück

Tipp

Wer auf gesunde Weise abnehmen will, darf auf ein leichtes, gesundes Frühstück (250 Kalorien) nicht verzichten. Trinken Sie dazu Tee oder Kaffee. Milch ist erlaubt, statt Zucker oder Honig sollten Sie jedoch Süßstoff verwenden.

Konfitüre-Croissant

1 Vollkorncroissant halbieren und mit 1 1/2 Esslöffeln Cremequark (0,2 % Fett) und 2 Teelöffeln Konfitüre bestreichen. Mit Zitronenmelisse garnieren.
(Bild rechts)

Obstquark

100 Gramm Cremequark (0,2 % Fett) mit 1 Esslöffel Crème fraîche, etwas Zitronensaft und flüssigem Süßstoff verrühren. 1 Birne in dünne Scheiben schneiden und mit 100 Gramm Himbeeren unterrühren.
(Bild S. 12/13)

Schinkenbrötchen

1 Vollkornbrötchen halbieren und mit 1 Teelöffel Halbfettbutter oder -margarine bestreichen. Mit 50 Gramm Kochschinken belegen und zusammenklappen. 1/2 Gurke (250 g) schälen und dazu essen.

Butterbrötchen mit Ei

1 Brötchen durchschneiden und mit 1 Teelöffel Halbfettbutter oder -margarine bestreichen. 1 hart gekochtes Ei dazu essen.

Käsebaguette

1 Baguettebrötchen halbieren. Mit 1 Teelöffel Halbfettbutter oder -margarine bestreichen. 2 Salatblätter, 30 Gramm Schnittkäse (20–30 % Fett) und 1 in Scheiben geschnittene Tomate auflegen. Zusammenklappen.
(Bild links)

Tipp

Butter oder Margarine sind oft überflüssig. Streichen Sie statt Butter fettarmen Quark oder kalorienreduzierten Frischkäse aufs Brot oder legen Sie ein, zwei Salatblätter unter Wurst oder Käse. Das spart Kalorien und schmeckt.

Toast mit Rührei

1 Scheibe Vollkorntoast mit 2 Salatblättern belegen. 1 Ei mit etwas Salz, 1/2 Bund Schnittlauch in Röllchen und 1 Scheibe klein geschnittenem gekochten Schinken (30 g) verrühren. In 1 Teelöffel Butter braten und aufs Toastbrot geben. 1 Tomate dazu essen.
(Bild rechts)

Tomaten-Quark-Brot

1 Scheibe Schwarzbrot mit 1 Teelöffel Halbfettbutter oder -margarine und 100 Gramm Frühlingsquark bestreichen. Mit 100 Gramm Tomatenscheiben und 1/2 Bund in feine Röllchen geschnittenen Schnittlauch belegen.

Quarkbrötchen

1 Vollkornbrötchen halbieren und mit 1 Teelöffel Halbfettbutter oder -margarine und 2 Esslöffeln Cremequark (0,2 % Fett) bestreichen. Auf eine Hälfte 2 Teelöffel Orangenmarmelade, auf die andere 125 Gramm Gurkenscheiben und 1/2 Beet Kresse geben. Dazu 1 Mandarine essen.

Melonen-Erdbeer-Salat

Je 200 Gramm Honigmelone und Erdbeeren putzen und klein schneiden. 1 Becher Vollmilchjoghurt (150 g) mit etwas flüssigem Süßstoff verrühren; über das Obst geben.

Nektarinenmüsli

Je 3 Esslöffel Haferflocken und Cornflakes mischen. 1 Nektarine (125 g) klein schneiden. 1/8 Liter fettarme Milch darüber gießen.
(Bild links)

Käsebrötchen mit Kiwi

1 Vollkornbrötchen halbieren und mit 1 Teelöffel Halbfettbutter oder -margarine bestreichen. 1 Scheibe Schnittkäse (30 g, 20–30 % Fett) auflegen. Brötchenhälften zusammenklappen. Dazu 1 in Scheiben geschnittene Kiwi essen. *(Bild rechts)*

Tipp

Auch bei der Grazing-Diät gilt: Viel trinken. 2,5 Liter täglich sind Pflicht. Nicht auf einmal, sondern schön über den Tag verteilt. Bevorzugen Sie Kalorienfreies: Mineralwasser, Früchte- und Kräutertees.

Apfel-Himbeer-Müsli

1 kleinen Apfel (100 g) schälen und klein schneiden. 100 Gramm Himbeeren verlesen. Früchte mit 30 Gramm Vollkorn-Cornflakes und 1/8 Liter fettarmer Milch mischen.

Möhren-Apfel-Käsetoast

1 Scheibe Vollkorntoast rösten, mit 1 Teelöffel Halbfettbutter bestreichen und mit 1 Scheibe Schnittkäse (30 g, 20–30 % Fett) belegen. 1 kleinen Apfel (125 g) und 1 Möhre (75 g) putzen und zum Käsetoast essen.

Erdbeermüsli

200 Gramm Erdbeeren verlesen und klein schneiden. 1 Becher Magerjoghurt (150 g) und 40 Gramm Müslimischung darüber geben und untermischen.

Salamibrot

1 Scheibe Vollkornbrot (45 g) mit 1 Teelöffel Halbfettbutter oder -margarine bestreichen. 2 Salatblätter und 30 Gramm kalorienreduzierte Salami auflegen. Dazu 1/2 rosa Grapefruit essen. *(Bild links)*

Tipp

Sind Sie ein Morgenmuffel? Dann trinken Sie nach dem Aufstehen nur eine Tasse Kaffee oder Tee und essen einfach etwas später. Frühaufsteher müssen natürlich nicht bis acht Uhr warten und können auch die anderen Mahlzeiten vorziehen.

Rosinenbrötchen mit Quark

1 Rosinenbrötchen halbieren. Je 2 Esslöffel Magerquark und Pfirsichkonfitüre verrühren und aufstreichen. 1 Pfirsich (100 g) in dünne Spalte schneiden und auflegen. *(Bild rechts)*

Lachsschinkenbrot

1 Scheibe Vollkornbrot (45 g) mit 1 Teelöffel Halbfettbutter oder -margarine bestreichen. 50 Gramm Lachsschinken und 1/2 Bund Radieschen in Scheiben auflegen.

Obstsalat

1/2 Mango (100 g), 1 Kiwi und 1/2 Banane schälen und klein schneiden. 1 Teelöffel Crème fraîche und 1 Esslöffel Zitronensaft verrühren und mit dem Obst mischen. Zuletzt 1 Teelöffel Mandelblättchen darüber streuen.

Putenbrust-Käse-Toast

2 Scheiben Vollkorntoast rösten, mit 1 Teelöffel Halbfettbutter- oder -margarine bestreichen. Mit 1 Scheibe geräuchertem Putenbrustaufschnitt (30 g) und 1 kalorienreduzierten Scheiblette belegen. 125 Gramm Gurkenscheiben darauf geben und die Toasts zusammenklappen.

Schwarzbrot mit Ei

1 Scheibe Vollkornbrot (45 g) mit 1 Teelöffel Halbfettbutter oder -margarine bestreichen. 1 hartes Ei in Scheiben auflegen. 1 rote Paprikaschote (150 g) in Streifen schneiden; mit 1 Beet Kresse aufs Brot geben. *(Bild links)*

150 Kcal.

Tipp

Geben Sie dem Heißhunger erst gar keine Chance und essen Sie regelmäßig alle zwei bis drei Stunden eine Kleinigkeit. Damit die Figur nicht leidet, hat der Vormittag-Snack nur 150 Kalorien. Dafür reichlich Ballaststoffe und viele Vitamine.

Sonnenblumenbrot mit Frischkäse

1 Tomate waschen, in Scheiben schneiden und auf 1 Scheibe Sonnenblumenbrot (40 g) legen. 1 Esslöffel körnigen Frischkäse (40 g) darauf geben. Mit Basilikum garnieren. *(Bild rechts)*

Toast mit Putenbrust

1 Scheibe Vollkorntoast rösten, mit 1 Salatblatt und 50 Gramm geräuchertem Putenbrustaufschnitt belegen. 1/2 Kiwi schälen, in dünne Scheiben schneiden und auf dem Brot verteilen.
(Bild S. 22/23)

Honigbrot

1 Scheibe Sonnenblumenbrot (40 g) rösten und dünn mit 1 Teelöffel Halbfettbutter oder -margarine bestreichen. 1 Teelöffel Honig darauf träufeln.

Kräuterquark-Knäcke

2 Scheiben Knäckebrot mit 100 Gramm Kräuterquark (Light-Produkt) bestreichen. Mit 1 Esslöffel gehackter Petersilie, Basilikum, Schnittlauchröllchen oder Kresse bestreuen. Mit Pfeffer und Paprikapulver würzen.

Butterbrot mit Möhre

1 Scheibe Vollkornbrot mit 1 Teelöffel Halbfettbutter oder -margarine bestreichen. Mit 1 Esslöffel Schnittlauchröllchen bestreuen. Dazu 1 geschälte Möhre essen.
(Bild links)

Tipp

Essen Sie langsam und lassen Sie sich nicht durch Lesen, Telefonieren oder Fernsehen ablenken. Es dauert 20 Minuten, ehe der Körper das Signal zum Sattsein gibt. Langsamer Genuss beugt deshalb dem Hungergefühl vor.

Corned-Beef-Knäcke

2 Scheiben Knäckebrot dünn mit je 1/2 Teelöffel Halbfettbutter oder -margarine bestreichen. 1 Knäckebrot mit 1 Scheibe Corned Beef (30 g) belegen, das zweite Knäcke darauf legen. 1/2 Apfel (75 g) waschen, vierteln und entkernen. Apfelschnitze zum Corned-Beef-Knäcke essen. *(Bild rechts)*

Buttertoast mit Erdbeeren

1 Scheibe Vollkorntoast (30 g) mit 1 Teelöffel Halbfettbutter oder -margarine bestreichen. 150 Gramm Erdbeeren waschen und dazu essen.

Marmeladenbrötchen

1 Vollkornbrötchen (45 g) durchschneiden und dünn mit 1 Teelöffel Halbfettbutter oder -margarine bestreichen. Jede Hälfte mit 1 Teelöffel Marmelade bestreichen.

Bananen-Frischkäse

2 Esslöffel körnigen Frischkäse mit 1 Teelöffel Honig vermischen. 1/2 Banane in dünne Scheiben schneiden und untermischen.

Pumpernickel mit Kräuterquark

1 Scheibe Pumpernickel (40 g) mit 2 Esslöffeln Kräuterquark »light« (60 g) bestreichen. 125 Gramm Gurke waschen, in Scheiben schneiden, darauflegen. 1/2 Bund Schnittlauch in Röllchen darüber streuen. *(Bild links)*

Tomatenbrötchen

1 Vollkornbrötchen mit 1 Teelöffel Halbfettbutter oder -margarine bestreichen. 1 Tomate waschen und in Scheiben schneiden. Auf den Brötchenhälften verteilen.
(Bild links)

Rosinenbrötchen mit Konfitüre

1 Rosinenbrötchen durchschneiden und mit 1 Teelöffel Konfitüre nach Wahl bestreichen.

Pfirsichjoghurt

1 Becher Vollmilchjoghurt (150 g) nach Geschmack mit flüssigem Süßstoff verrühren. 1 Pfirsich (125 g) waschen und den Stein entfernen. Das Fruchtfleisch in Stücke schneiden und unter den Joghurt mischen.

Pumpernickel mit Käse

1 Scheibe Pumpernickel mit 1 Teelöffel Tomatenmark bestreichen und mit 1 Scheibe kalorienreduziertem Scheiblettenkäse belegen.

Radieschenquark

100 Gramm Magerquark mit 1 Esslöffel Crème fraîche, Salz, Pfeffer und etwas Mineralwasser glatt rühren. 1/2 Bund geputzte Radieschen klein schneiden und unter den Quark mischen.
(Bild rechts)

Tipp

Fett mach fett! Messen Sie deshalb Butter und Margarine ebenso wie flüssige Öle immer mit dem Löffel ab, dann stimmt die Menge.

Tipp

Immer noch hungrig? Dann hilft eine Tasse Lapacho-Tee. Für den Appetitbremser lassen Sie 1 Teelöffel Tee 5 Minuten mit einer Tasse Wasser leise kochen. 15 Minuten ziehen lassen, abseihen und warm oder kalt trinken.

Melone mit Schinken

250 Gramm Honigmelone entkernen und in dünne Spalte schneiden. 30 Gramm hauchdünn geschnittenen Serrano-Schinken dazu essen.
(Bild rechts)

Gurkenquark

100 Gramm Cremequark (0,2 % Fett) mit 1 Teelöffel Crème fraîche und eventuell einigen Spritzern Mineralwasser glatt rühren. Mit 1 Prise Salz und etwas Pfeffer würzen. 1/2 Gurke (250 g) schälen und würfeln. 1/2 Bund Dill fein hacken. Beides in den Quark rühren.

Knäckebrot mit Paprika-Frischkäse

2 Scheiben Knäcke mit 1 1/2 Esslöffeln körnigem Frischkäse bestreichen. 125 Gramm rote oder gelbe Paprika waschen und putzen, in schmale Streifen schneiden und auf den Knäckebroten verteilen.

Himbeerjoghurt

1 Becher fettarmen Joghurt (150 g) mit 125 Gramm aufgetauten TK-Himbeeren mischen. Nach Belieben mit Flüssigsüßstoff und etwas Zimt abschmecken.

Pumpernickelwürfel

1 Scheibe Pumpernickel mit 1 Scheibe Schnittkäse (30 g, 20–30 % Fett) belegen. 1/2 Bund Radieschen putzen und dazu essen.
(Bild links)

Camemberttoast

Zutaten

50 g kalorienreduzierter Camembert
2 EL Cremequark (0,2 % Fett)
Salz
Pfeffer
1 Zwiebel
1 rote Paprikaschote (150 g)
1/2 Bund Schnittlauch
2 Scheiben Vollkorntoast

1. Den zimmerwarmen Camembert mit einer Gabel gut zerdrücken und mit dem Cremequark verrühren. Die Masse mit Salz und Pfeffer herzhaft würzen.

2. Die Zwiebel schälen und fein würfeln. Paprikaschote waschen und halbieren. Den Stielansatz, die weißen Trennwände und die Kernchen entfernen. Die Paprika erst in Streifen, dann in kleine Würfel schneiden.

3. Schnittlauch abbrausen, trockenschütteln und in feine Röllchen schneiden. Zwiebel, Paprika und Schnittlauch unter die Käsemasse heben. Auf Vollkorntoast anrichten.

(Bild rechts)

Kartoffelsalat mit Mortadella

Zutaten

200 g Kartoffeln
1 Bund Radieschen
1 Lauchzwiebel (50 g)
50 g Puten-Mortadella
1 1/2 EL Cremequark (0,2 %)
1 TL Joghurt-Salatcreme
Zitronensaft
Salz
Pfeffer
Paprikapulver (edelsüß)

1. Kartoffeln waschen und ohne Salz etwa 20 Minuten in der Schale kochen. In ein Sieb abgießen, kurz abkühlen lassen, noch warm pellen und in nicht zu dünne Scheiben schneiden.

2. Die Radieschen gründlich waschen, putzen und in dünne Scheiben schneiden. Die Lauchzwiebel waschen, putzen und in feine Ringe schneiden. Die Puten-Mortadella in schmale Streifen oder kleine Würfel schneiden.

3. Kartoffeln, Radieschen, Lauchzwiebel und Puten-Mortadella in einer Schüssel vermengen. Aus Cremequark, Joghurt-Salatcreme, etwas Zitronensaft, Salz, Pfeffer und Paprikapulver eine würzige Sauce rühren. Über den Salat geben und alles kurz durchziehen lassen.

Vollkornbrot mit Corned Beef

Zutaten

- 1 Scheibe Vollkornbrot (45 g)
- 1 TL Halbfettbutter oder -margarine
- 2 Salatblätter
- 2 Scheiben Corned Beef (50 g)
- 1 Möhre (75 g)
- 1 kleine Orange (100 g)

1. Das Vollkornbrot dünn mit Halbfettbutter oder –margarine bestreichen.

2. Die Salatblätter unter kaltem Wasser abbrausen, gründlich trockentupfen und auf das Brot legen.

(Bild rechts)

3. Das Corned Beef darauf geben. Die Möhre putzen und in Scheiben schneiden. Auf dem Corned Beef verteilen.

4. Die Orange schälen, in einzelne Spalte teilen und zum Brot essen.

Zutaten

- 1/2 Gurke (250 g)
- 1 Lauchzwiebel (50 g)
- 40 g Schnittkäse (20 % Fett)
- 100 g Mais (aus der Dose)
- 1/2 Bund Petersilie
- 1 Tüte Fertigsaucenmischung »Gemischter Salat«

Käsesalat

1. Gurke waschen und die Enden abschneiden. Die Schale nur dann entfernen, wenn sie bitter schmeckt. Die Gurke der Länge nach halbieren und dann quer in nicht zu dünne Scheiben schneiden.

2. Die Lauchzwiebel putzen, waschen und den weißen Teil in Ringe schneiden.

3. Schnittkäse würfeln. Mais abtropfen lassen und in einer Salatschüssel mit der Gurke und den Zwiebelringen vermengen. Petersilie abbrausen, trockenschütteln, fein hacken und untermischen.

4. Fertigsaucenmischung mit 1 Esslöffel Wasser anrühren; über den Salat gießen.

Krabbensalat in Avocado

Zutaten

- 2 Salatblätter
- 1/2 Avocado
- 1/2 Bund Dill
- 100 g Krabbenfleisch
- Zitronensaft
- Salz
- Pfeffer
- 1 Scheibe Zitrone
- 1 Scheibe Toast

1. Salatblätter unter kaltem Wasser abbrausen, trockentupfen und auf einen Teller legen. Die Avocado darauf setzen.

2. Den Dill waschen, trockenschütteln und fein hacken. Das Krabbenfleisch mit etwas Zitronensaft beträufeln und den Dill untermengen. Mit Salz und Pfeffer abschmecken.

3. Den Krabbensalat in die Avocado füllen; mit Zitronenscheibchen garnieren. Dazu 1 Scheibe Toast essen.

(Bild rechts)

Tomaten-Mozzarella-Baguette

Zutaten

- 1 Baguettebrötchen (60 g)
- 2 Blätter Eichblattsalat
- 100 g Tomaten
- 50 g Mozzarella
- Pfeffer
- 1 TL Kapern

1. Das Baguettebrötchen der Länge nach halbieren. Die beiden Eichblattsalat-Blätter kurz unter kaltem Wasser abbrausen und gründlich trockenschütteln oder mit einem sauberen Küchentuch sorgfältig trockentupfen.

2. Die Tomaten waschen und trockentupfen. Den Stielansatz mit einem spitzen Messer keilförmig herauslösen und das Fruchtfleisch quer in nicht zu dünne Scheiben schneiden.

3. Den Mozzarella in einem Sieb gründlich abtropfen lassen und ebenfalls in Scheiben schneiden.

4. Zuerst die Tomaten, dann den Mozzarella auf einer Brötchenhälfte verteilen. Mit Pfeffer würzen.

5. Die Kapern mit einigen Tropfen Kapernflüssigkeit aus dem Glas auf den Mozzarella geben. Mit der zweiten Brötchenhälfte abdecken.

(Bild S. 32/33)

Wurstsalat

Zutaten

- 100 g Blattsalat
- 1 Zwiebel
- 1 Lauchzwiebel (50 g)
- 100 g Gewürzgurken
- 70 g Geflügel-Mortadella
- 1 Tüte Fertigsaucenmischung »Gemischter Salat«

1. Den Salat verlesen, waschen, trockentupfen und in mundgerechte Stücke zupfen.

2. Die Zwiebel schälen und fein würfeln. Die Lauchzwiebel putzen, waschen und in feine Ringe schneiden. Gewürzgurken abtropfen lassen und in dünne Scheiben schneiden oder würfeln. Die Geflügel-Mortadella in gleichmäßig schmale Streifen oder in kleine Würfel schneiden.

4. Salatblätter, Zwiebel, Lauchzwiebel, Gewürzgurke und Geflügel-Mortadella in einer Schüssel vermischen. Die Fertigsaucenmischung mit 1 Esslöffel Wasser anrühren und über den Salat geben. Kurz ziehen lassen.

(Bild rechts)

Tunfisch-Mais-Salat

Zutaten

- 100 g Eisbergsalat
- 1/2 Gurke (250 g)
- 100 g Mais (aus der Dose)
- 50 g Tunfisch (im eigenen Saft)
- 1 Tüte Fertigsaucenmischung »Gemischter Salat«

1. Eisbergsalat verlesen, kalt abbrausen, trockentupfen und in mundgerechte Stücke zupfen.

2. Die Gurke gründlich waschen und das Ende abschneiden. Die Schale nur entfernen, wenn sie bitter schmeckt. Die Gurke erst quer in Scheiben und dann in Würfel schneiden.

3. Mais und Tunfisch abtropfen lassen. Tunfisch eventuell mit zwei Gabeln grob zerpflücken. Eissalat, Gurke, Mais und Tunfisch in einer Schüssel mischen.

4. Für das Dressing die Fertigsaucenmischung mit 2 Esslöffeln Wasser verrühren. Die Sauce über dem Salat verteilen und unterheben.

Reis-Käse-Salat

Zutaten

30 g Reis
Salz
1 rote oder gelbe Paprikaschote (150 g)
1 Lauchzwiebel (50 g)
50 g Schnittkäse (20–30 % Fett)
1 Tüte Fertigsaucenmischung »Gemischter Salat«

1. Den Reis in 150 Milliliter kochendem, leicht gesalzenem Wasser etwa 15 Minuten bissfest garen. In ein Sieb abgießen und völlig auskühlen lassen.

2. Paprikaschote waschen und halbieren. Stielansatz, weiße Trennwände und Kernchen mit einem Messer entfernen. Die Paprika erst in schmale Streifen und dann in kleine Würfel schneiden.

(Bild rechts)

3. Lauchzwiebel waschen, putzen und in feine Ringe schneiden. Den Schnittkäse in dünne Stifte schneiden.

4. Paprikawürfel, Lauchzwiebelringe und Käsestifte unter den kalten Reis mischen.

5. Fertigsaucenmischung mit 2 Esslöffeln Wasser anrühren. Über den Reissalat geben und alles kurz durchziehen lassen.

Zucchini-Schinken-Brot

Zutaten

200 g Zucchini
1 Möhre (75 g)
1/2 Apfel (75 g)
Zitronensaft
1 Scheibe Sonnenblumenkernbrot (45 g)
1 TL Halbfettbutter oder -margarine
50 g Lachsschinken

1. Zucchini waschen. Stiel- und Blütenansatz abschneiden und das Fleisch in feine Scheiben schneiden.

2. Die Möhre putzen, schälen und auf dem Gemüsehobel in dünne Scheiben schneiden.

3. Beim gewaschenen, ungeschälten Apfel das Kerngehäuse entfernen und das Fruchtfleisch in dünne Spalte schneiden und sofort mit Zitronensaft beträufeln.

4. Das Sonnenblumenkernbrot dünn mit Halbfettbutter oder -margarine bestreichen.

5. Die Zucchini- und Möhrenscheiben sowie die Apfelschnitze auf dem Butterbrot verteilen. Den Lachsschinken darauf legen.

Avocadosalat mit Putenbrust

Zutaten

- 1/2 Avocado
- Zitronensaft
- 1/2 Gurke (250 g)
- 50 g Blattsalat
- 1 Tüte Fertigsaucenmischung »Gemischter Salat«
- 50 g geräucherten Putenbrustaufschnitt

1. Avocado schälen und das Fruchtfleisch der Länge nach in dünne Spalte schneiden. Mit Zitronensaft beträufeln.

2. Die Gurke schälen und die Kerne mit einem Teelöffel herauskratzen. Die Gurke quer in dünne Scheiben schneiden oder hobeln.

(Bild rechts)

3. Blattsalat waschen und trockentupfen. Mit Avocadospalte und Gurkenscheiben anrichten.

4. Fertigsaucenmischung mit 3 Esslöffeln Wasser verrühren und darüber träufeln. Den geräucherten Putenbrustaufschnitt darauf verteilen.

Obstsalat mit Käse

Zutaten

- 100 g Blattsalat
- 30 g Käse (20–30 % Fett)
- 125 g frische Ananas
- 125 g Weintrauben
- 1 Birne (100 g)
- 2 EL Zitronensaft
- Salz
- Cayennepfeffer

1. Den Blattsalat waschen, trockentupfen und in mundgerechte Stücke zupfen.

2. Den Käse in Würfel oder Stifte schneiden. Von der Ananas die Schale abschneiden. Dabei alle holzigen Teile und die »Augen« mit einem spitzen Messer herausschneiden. Das Fruchtfleisch erst in dünne Scheiben, dann in kleine Würfel schneiden.

3. Weintrauben waschen und halbieren. Eventuell die Kerne mit einem Messer entfernen. Die Birne waschen und vierteln; dabei das Kerngehäuse entfernen. Fruchtfleisch in Spalte schneiden.

4. Salat, Käse und Früchte mischen. Zitronensaft mit 2 Esslöffeln Wasser, Salz und Cayennepfeffer verrühren. Über den Salat geben.

Tomaten-Tunfisch-Crostini

Zutaten

3 Scheiben italienisches Weißbrot (60 g)
1 Tomate (50 g)
1 Zwiebel
1 Knoblauchzehe
50 g Tunfisch (im eigenen Saft)
Salz
Pfeffer

1. Weißbrotscheiben toasten. Tomate waschen und den Stielansatz mit einem spitzen Messer herausschneiden. Die Tomate in dünne Scheiben schneiden.

2. Zwiebel und Knoblauchzehe schälen und fein hacken. Den Tunfisch gut abtropfen lassen und mit den Zwiebel- und Knoblauchwürfeln vermengen. Mit wenig Salz und 1 kräftigen Prise Pfeffer herzhaft würzig abschmecken.

3. Tomaten auf den Brotscheiben verteilen und die Tunfisch-Zwiebel-Knoblauch-Mischung darauf anrichten.

(Bild rechts)

Nudelsalat mit Schinken

Zutaten

50 g TK-Erbsen
30 g Nudeln, z.B. Farfalle
Salz
1 Lauchzwiebel
50 g gekochter Schinken
25 g Alfalfa-Sprossen
1 Tüte Fertigsaucenmischung »Gemischter Salat«

1. Die TK-Erbsen nach der Packungsanweisung auftauen lassen.

2. Währenddessen die Nudeln in reichlich sprudelndem Salzwasser bissfest kochen. In einem Sieb gründlich abtropfen lassen.

3. Lauchzwiebel waschen, putzen und in feine Ringe schneiden. Den Schinken in Streifen schneiden.

4. Alfalfa-Sprossen mit kaltem Wasser abbrausen und gut abtropfen lassen. In einer Schüssel die kalten Nudeln mit den aufgetauten Erbsen, der Lauchzwiebel, dem Schinken und den Sprossen vermengen.

5. Fertigsaucenmischung mit 1 Esslöffel Wasser gut verrühren und über die Nudeln geben. Alle Zutaten gründlich vermischen.

Sandwich mit Ei

1. Das Ei in kochendem Wasser 8 bis 10 Minuten hart kochen. Aus dem Topf heben, unter eiskaltem Wasser abschrecken und abkühlen lassen.

2. Die Salatblätter waschen und sorgfältig trockentupfen. Beide Scheiben Vollkornbrot dünn mit Halbfettbutter oder -margarine bestreichen; mit je 1 Salatblatt belegen.

3. Die Möhre und den Kohlrabi putzen und schälen. Beim Kohlrabi falls nötig alle holzigen Stellen entfernen. Das Gemüse in dünne Stifte schneiden oder auf dem Gemüsehobel grob raspeln.

4. Petersilie unter kaltem Wasser abbrausen, gründlich trockenschütteln und fein hacken. In den Cremequark rühren und mit Salz und Pfeffer würzen.

5. Den Petersilienquark auf die Brote geben. Das Ei pellen, in Scheiben schneiden und auf dem Quark verteilen. Möhren und Kohlrabi darüber streuen.

(Bild links)

Zutaten

- 1 Ei
- 2 Salatblätter
- 2 Scheiben Vollkornbrot (à 30 g)
- 1 TL Halbfettbutter oder -margarine
- 1 Möhre (75 g)
- 100 g Kohlrabi
- 1/2 Bund Petersilie
- 2 EL Cremequark (0,2 % Fett)
- Salz
- Pfeffer

Gorgonzola-Sandwich

1. Salatblätter waschen und sehr gründlich trockentupfen oder -schütteln.

2. Toastscheiben rösten. Eine Scheibe mit den Salatblättern und dem Gorgonzola belegen.

3. Die Birne vierteln und das Kerngehäuse entfernen. Das Fruchtfleisch in schmale Schnitze schneiden und auf dem Gorgonzola verteilen. Mit der zweiten Toastscheibe abdecken.

Zutaten

- 2–3 Salatblätter
- 2 Scheiben Vollkorntoast
- 30 g Gorgonzola
- 1 kleine Birne (100 g)

Paprika-Schafskäse-Salat

Zutaten

- Je 1/2 rote und gelbe Paprika (à 75 g)
- 100 g Römersalat
- 1 Zwiebel
- 1 Tomate (50 g)
- 30 g Schafskäse
- 20 g grüne Oliven
- 1 Tüte Fertigsaucenmischung »Gemischter Salat«
- 1/2 Scheibe Vollkorntoast

1. Paprikaschoten waschen; dabei die weißen Trennwände und Kerne entfernen. Die Paprika in dünne Streifen schneiden.

2. Den Römersalat gründlich abbrausen, trockentupfen und in mundgerechte Stücke zupfen. Zwiebel schälen und fein hacken.

3. Tomate waschen, den Stielansatz mit einem spitzen Messer herausschneiden und das Fruchtfleisch achteln. In einer Schüssel mit den Paprikastreifen, dem Römersalat und den Zwiebelwürfeln vermengen.

4. Den Schafskäse würfeln und mit den Oliven zu dem Gemüse geben. Fertigsaucenmischung mit 2 Esslöffeln Wasser verrühren. Das Dressing über den Salat gießen und alle Zutaten sorgfältig miteinander mischen. Mit dem Vollkorntoast essen.

(Bild rechts)

Roastbeef-Sandwich

Zutaten

- 1 Stück Baguettebrot (60 g)
- 1 TL Halbfettbutter oder -margarine
- 2 Salatblätter
- 50 g Roastbeef
- 2 EL Knoblauch-Joghurt-Dressing
- 1/2 Bund Schnittlauch

1. Das Baguettestück der Länge nach durchschneiden. Beide Hälften dünn mit der Halbfettbutter oder -margarine bestreichen.

2. Die Salatblätter abbrausen und gründlich trockentupfen. Auf eine Baguettehälfte legen. Das Roastbeef darauf verteilen und mit Knoblauch-Joghurt-Dressing beträufeln.

3. Schnittlauch abbrausen, trockenschütteln und in feine Röllchen schneiden. Auf das Roastbeef streuen und die zweite Brothälfte auflegen.

Krabben-Nudel-Salat

1. Die Nudeln in reichlich sprudelnd kochendem Salzwasser bissfest garen. In ein Sieb abgießen, abtropfen und auskühlen lassen.

2. Kirschtomaten waschen, abtupfen und je nach Größe halbieren oder vierteln. Die Lauchzwiebel putzen, waschen und in dünne Ringe schneiden. Die Petersilie abbrausen, trockenschütteln und fein hacken.

(Bild links)

3. Die Kirschtomaten, die Lauchzwiebel, die Petersilie und das Krabbenfleisch zu den erkalteten Nudeln geben. Fertigsaucenmischung in den Magerjoghurt rühren.

4. Das Dressing über die Nudelmischung geben, alle Zutaten gründlich vermengen und den Krabben-Nudel-Salat kurz ziehen lassen.

Zutaten

- 40 g Bandnudeln
- Salz
- 100 g Kirschtomaten
- 1 Lauchzwiebel
- 1/2 Bund Petersilie
- 100 g Krabbenfleisch
- 1 Tüte Fertigsaucenmischung »Jogurtsauce«
- 1/2 Becher Magerjoghurt

Champignonsalat

1. Champignons mit Haushaltspapier abreiben, um anhaftenden Schmutz zu entfernen. Die Pilze feinblättrig schneiden. Sofort mit etwas Zitronensaft beträufeln, damit sie nicht braun werden.

2. Von den Zucchini Blüten- und Stielansätze entfernen. Das Fruchtfleisch in dünne Scheiben schneiden.

3. Kochschinken würfeln und mit den Champignons und den Zucchini vermengen.

4. Petersilie unter kaltem Wasser abbrausen, trockenschütteln und fein hacken. Mit dem Crème-fraîche-Fertigdressing über die Salatmischung geben und alles gründlich vermengen. Kurz ziehen lassen.

Zutaten

- 100 g Champignons
- Zitronensaft
- 200 g Zucchini
- 50 g Kochschinken
- 1/2 Bund Petersilie
- 3 EL Crème-fraîche-Fertigdressing

Bunter Salat mit Tunfisch

Zutaten

- 50 g Eisberg- oder Römersalat
- 50 g Radicchio
- 1/2 gelbe Paprika (75 g)
- 1 Tomate (50 g)
- 1 Tüte Fertigsaucenmischung »Gemischter Salat«
- 50 g Tunfisch (im eigenen Saft)

1. Salatblätter verlesen und unter fließend kaltem Wasser abspülen; gründlich trockentupfen und in mundgerechte Stücke zerpflücken.

2. Paprikaschote waschen. Die weißen Trennwände und die Kernchen entfernen. Paprika quer in feine Spalte schneiden. Tomate waschen. Den Stielansatz mit einem spitzen Messer ausschneiden und das Fruchtfleisch in dünne Scheiben oder kleine Würfel schneiden.

3. Salatblätter, Paprika und Tomate vermengen. Die Fertigsaucenmischung mit 2 Esslöffeln Wasser anrühren und über den Salat geben.

4. Tunfisch abtropfen lassen, mit zwei Gabeln zerteilen und unter den Salat mischen.

(Bild rechts)

Putenbrust-Mango-Sandwich

Zutaten

- 2 Scheiben Vollkorntoast
- 1 EL Halbfettbutter oder -margarine
- 2–3 Salatblätter
- 50 g Putenbrustaufschnitt
- 1/2 Mango (100 g)

1. Die Vollkorntoasts rösten. Beide Scheiben dünn mit der Halbfettbutter oder -margarine bestreichen.

2. Die Salatblätter kurz abbrausen und gründlich trockentupfen. Ein Toastbrot mit den beiden Salatblättern und dem Putenbrustaufschnitt belegen.

3. Die Mango schälen. Das Fruchtfleisch der Länge nach in dünne Streifen schneiden. Auf dem Aufschnitt verteilen und die zweite Scheibe Toastbrot auflegen.

Nachmittag-Snacks

100/200 Kal.

100 Kal.

15.00 Energie-Snack
Schnelle Hilfe gegen das Zwischentief

- 1 dicke Scheibe frische Ananas (200 g)
- 1 Orange und 1/2 Banane
- 1 Kiwi und 1 kleine Birne
- 150 g Weintrauben
- 1 Apfel oder 125 g Apfelmus
- 200 g frische Mango
- 1/2 Grapefruit mit 100 g aufgetauten TK-Himbeeren
- 1 kleiner Apfel und 1 Kiwi
- 250 g Honigmelone
- 1 kleine Banane (150 g mit Schale)
- 200 g Fruchtcocktail (aus der Dose)
- 150 g Himbeeren und 1 kleiner Apfel
- 200 g Aprikosen
- 200 g Kirschen
- 1 Kiwi und 1 Mini-Banane
- 200 g Stachelbeeren
- 1 Birne oder 150 g Birnenkompott (aus der Dose)
- 100 g Ananasstücke (aus der Dose)
- 200 g rote oder schwarze Johannisbeeren

Tipp

Kleiner »Durchhänger« am Nachmittag? Dann bringen vitaminreiche Frucht-Snacks den schnellen Power-Kick. Denn unser Körper kann den Zucker aus Früchten sofort in Energie umwandeln.

Und: Jede Portion hat nur 100 Kalorien.

Himbeeren und Äpfel enthalten Pektine, die den Darm fit machen.

17.00 Tea-Time

200 Kal.

Muntermacher am späten Nachmittag

- 1 Tasse Kaffee und 2 Duplo-Riegel
- 1 Tasse heiße Schokolade und 4 »Russisch Brot«-Buchstaben
- 1 Tasse Milchkaffee und 1 Doughnut
- 1 Cappuccino, dazu 1 Baiserschale mit 100 g aufgetauten TK-Himbeeren
- 1 Tasse Espresso und 1 Scheibe Viennetta-Eis (125 g; von Langnese)
- 1 Glas Tee, dazu 1 Croissant mit 1 TL Konfitüre
- 1 Tasse Cappuccino und 3 Amarettini (Mandelkekse)
- 1 Tasse Kakao oder heiße Schokolade (150 ml) und 3 Vollkornkekse
- 1 Glas schwarzer Tee und 1 Obsttörtchen
- 1 Tasse Früchtetee, dazu 1 Rosinenbrötchen mit 1 TL Butter
- 1 Tasse Kaffee, dazu 1 Becher kalorienreduzierten Milchreis (250 g) und 1 Kiwi
- 1 Becher Milchkaffee und 2 Knusperreis-Waffeln
- 1 Tasse Kaffee oder 1 Glas schwarzer Tee und 1 Stück Obstkuchen
- 1 Tasse Cappuccino und 1 Hanuta
- 1 Tasse Tee oder Kaffee und 1 Apfeltasche
- 2 Scheiben Vollkorntoast mit 1 TL Butter und 2 TL Orangenmarmelade. Dazu: Tee oder Kaffee
- 1 Tasse Tee oder Kaffee und 1 »Yes« (Mini-Kuchen)
- 1 Tasse heiße Schokolade und 2 Löffelbiskuits
- 1 Tasse Tee oder Espresso und 1 Cornetto-Vanille-Eis
- 1 Glas Tee, dazu 2 Zwiebäcke mit jeweils 1 TL Butter und Marmelade

Tipp

Auch wenn Sie dauerhaft abnehmen wollen, müssen Sie nicht auf Süßes verzichten. Eine Tasse Tee, Kaffee oder Schokolade – dazu Kuchen, Kekse oder ein Eis – das macht genau 200 Kalorien.

Cappuccino mit Hanuta

Zitronenhuhn mit Paprika

Zutaten

1 EL Zitronensaft
Salz
Zitronenpfeffer
100 g Hähnchenbrust
Je 1/2 rote, gelbe und grüne Paprikaschote (à 75 g)
1 TL Olivenöl
1 TL Crème fraîche
Frischer Thymian

1. Zitronensaft, Salz und Zitronenpfeffer verrühren. Die Hähnchenbrust damit von allen Seiten einpinseln und etwa 15 Minuten marinieren.

2. Paprika waschen und putzen. Dabei die weißen Trennwände und die Kerne entfernen. Fruchtfleisch erst in Streifen, dann in Würfelchen schneiden.

3. Das Öl in einer beschichteten Pfanne erhitzen und die Hähnchenbrust darin von beiden Seiten etwa 8 Minuten braten. Herausnehmen und warm stellen.

4. Das Paprikagemüse in die Pfanne geben und etwa 5 Minuten im eigenen Saft bissfest garen. Crème fraîche zugeben; mit Salz und Zitronenpfeffer abschmecken.

5. Das Fleisch in Scheiben schneiden und mit Gemüse auf einem Teller anrichten. Mit Thymian bestreuen.

(Bild rechts)

Schlemmertoast

Zutaten

1 EL Alfalfasprossen (10 g)
1 Schweineschnitzel (75 g)
1 TL Öl
Salz
Pfeffer
1/2 Mango (100 g)
1 Scheibe Vollkorntoast

1. Alfalfasprossen unter kaltem Wasser abbrausen und in einem Sieb gründlich abtropfen lassen.

2. Das Schweineschnitzel im heißen Öl etwa 10 Minuten braten. Erst dann mit Salz und Pfeffer würzen.

3. Die Mango mit dem Sparschäler schälen. Das Fruchtfleisch der Länge nach in schmale Spalte schneiden.

4. Den Vollkorntoast rösten. Mit dem Schnitzel und Mangospalten belegen. Die Alfalfasprossen darüber verteilen.

Putengeschnetzeltes

1. Das Putenschnitzel in feine Streifen schneiden. Champignons mit Haushaltspapier säubern und in feine Scheiben schneiden.

2. Ananas schälen; dabei alle holzigen Teile und die »Augen« entfernen. Das Fruchtfleisch würfeln. Die Lauchzwiebel waschen, putzen und in Ringe schneiden.

(Bild links)

3. Das Öl in einer beschichteten Pfanne erhitzen und das Fleisch 5 Minuten darin anbraten. Ananas, Pilze und Lauchzwiebel zufügen und kurz mitbraten. Mit Curry bestäuben.

4. Mit Gemüsebrühe ablöschen; kurz einkochen lassen. Mit Salz und etwas Pfeffer würzen. Mit dem gerösteten Toastbrot essen.

Zutaten

- 100 g Putenschnitzel
- 50 g Champignons
- 125 g Ananas
- 1 Lauchzwiebel (50 g)
- 1 TL Öl
- 1/2 TL Currypulver
- 3 EL Gemüsebrühe
- Salz
- Pfeffer
- 1/2 Scheibe Toastbrot

Tortellini mit Tomatensauce

1. Tortellini nach Packungsanweisung in kochendem Salzwasser bissfest garen.

2. Währenddessen die Zucchini putzen und in kleine Würfel schneiden. Zwiebel und Knoblauchzehe abziehen und fein würfeln.

3. Das Öl in einer beschichteten Pfanne erhitzen und die Zucchini, die Zwiebel und den Knoblauch darin kurz andünsten. Tomaten zufügen und alles 5 Minuten bei kleiner Flamme kochen lassen. Mit Salz und Pfeffer feinwürzig abschmecken.

4. Tortellini in ein Sieb abgießen, gut abtropfen lassen und zu dem Gemüse in die Pfanne geben. Alles gut miteinander vermischen und mit Parmesan bestreuen.

Zutaten

- 40 g Tortellini
- Salz
- 100 g Zucchini
- 1 Zwiebel
- 1 Knoblauchzehe
- 1 TL Öl
- 1/2 Dose Tomaten (150 g)
- Pfeffer
- 2 TL geriebener Parmesan

Paprika-Tacos

Zutaten

- 1 Zwiebel
- 1 rote Paprikaschote
- 100 g Beefsteak-Hack
- 1 TL Öl
- Salz
- Pfeffer
- Chilipulver
- 25 g Eisbergsalat
- 2 Tacoschalen (Fertigprodukt)

1. Zwiebel abziehen und fein würfeln. Die Paprikaschote waschen, putzen und halbieren. Dabei den Stielansatz, die weißen Trennwände und die Kernchen entfernen. Das Fruchtfleisch in kleine Würfel schneiden.

2. Beefsteak-Hack unter Rühren im heißen Öl anbraten. Zwiebel und Paprika zugeben und kurz mitbraten. Das Fleisch mit etwas Salz sowie reichlich Pfeffer und Chilipulver herzhaft würzen.

3. Den Eisbergsalat waschen und trockentupfen. Die einzelnen Blätter in schmale, nicht zu lange Streifen schneiden. Salat unter das Beefsteak-Hack mischen. Die beiden Tacoschalen damit füllen.

(Bild rechts)

Chili con Carne

Zutaten

- Je 1/2 rote und grüne Paprikaschote (à 75 g)
- 1 Zwiebel
- 100 g Beefsteak-Hack
- 1 TL Öl
- 1/2 Dose Tomaten (150 g)
- 50 g Mais (aus der Dose)
- 50 g Kidney-Bohnen (aus der Dose)
- Salz
- Chilipulver

1. Die Paprikaschoten waschen und putzen; dabei die weißen Trennwände herausschneiden und die Kernchen entfernen. Das Fruchtfleisch in kleine Würfel schneiden. Die Zwiebel schälen und würfeln.

2. Das Beefsteak-Hack im heißen Öl etwa 5 Minuten krümelig braten. Paprika- und Zwiebelwürfel zugeben und unter ständigem Rühren kurz mitrösten.

3. Tomaten, Mais und Kidney-Bohnen zufügen. Alles auf kleiner Flamme 5 Minuten kochen lassen. Das Chili con Carne mit Salz und reichlich Chilipulver würzen.

Hähnchenbrust mit Tomaten

Zutaten

30 g Nudeln
Salz
1 Knoblauchzehe
1 Zwiebel
1 TL Öl
75 g Hähnchenbrust
1/2 Dose Pizzatomaten (200 g)
Pfeffer
Frisches Basilikum

1. Nudeln nach Packungsanweisung in kochendem Salzwasser »al dente« garen.

2. Die Knoblauchzehe und Zwiebel abziehen und würfeln. Öl in einer beschichteten Pfanne erhitzen und die Hähnchenbrust darin von allen Seiten je etwa 3 Minuten anbraten. Zwiebel und Knoblauch zufügen und mitbraten.

3. Pizzatomaten zufügen und alles einmal aufkochen lassen. Mit Salz, Pfeffer und gehacktem Basilikum abschmecken.

4. Die Nudeln in ein Sieb abgießen, gründlich abtropfen lassen und mit Hähnchen und Tomatensauce auf einem Teller anrichten. Mit frischem Basilikum garnieren.

(Bild rechts)

Gemüse mit Schafskäse

Zutaten

100 g Möhren
1/2 Fenchelknolle
150 g Brokkoli
1 TL Öl
50 g Mais (aus der Dose)
1/2 Dose Pizzatomaten (200 g)
Salz
Pfeffer
50 g Schafskäse

1. Möhre putzen, schälen und in dünne Scheiben schneiden. Die Fenchelknolle waschen, putzen und ebenfalls in Scheiben schneiden.

2. Brokkoli putzen. Die einzelnen Röschen abtrennen und unter kaltem Wasser abbrausen. Die Stiele in mundgerechte Stücke schneiden.

3. Öl in einer beschichteten Pfanne erhitzen. Möhre, Fenchel und Brokkoli kurz anbraten. Mais und Pizzatomaten zufügen und alles 8 Minuten garen.

4. Die Gemüsepfanne mit Salz und Pfeffer würzen. Den Schafskäse würfeln und auf dem heißen Gemüse verteilen.

Lammkotelett mit Zucchini

1. Zucchini waschen, putzen und in nicht zu dünne Scheiben schneiden. Schalotten abziehen und in feine Ringe schneiden.

2. Lammkotelett bzw. Lammfilet von allen Seiten mit Salz und Pfeffer würzen. Das Öl in einer beschichteten Pfanne erhitzen. Das Fleisch, die Zucchini und die geschnittenen Schalotten hineingeben und 5 bis 10 Minuten braten.

3. Das Gemüse pfeffern und alles mit Majoran bestreuen. Dazu das Baguette essen.

(Bild links)

Zutaten

- 200 g Zucchini
- 2 Schalotten
- 100 g Lammkotelett oder 75 g Lammfilet
- Salz
- Pfeffer
- 1 TL Olivenöl
- Majoran
- 2 Scheiben Baguette

Reis-Gemüse-Pfanne

1. Reis in 120 Milliliter Salzwasser etwa 20 Minuten bissfest garen.

2. Möhre putzen, schälen und halbieren. Der Länge nach erst in dünne Streifen, dann in Stifte schneiden. Die Paprikaschote waschen, putzen und halbieren. Stielansatz, weiße Trennwände und Kerne entfernen. Das Fruchtfleisch in dünne Streifen schneiden.

3. Chinakohl waschen, trockentupfen und in schmale Streifen schneiden. Zuckerschoten putzen. Sojasprossen kalt abbrausen; in einem Sieb abtropfen lassen.

4. Sesamöl in einer Pfanne erhitzen. Das Gemüse unter Rühren 5 Minuten darin braten. Mit Pfeffer, Ingwer und Salz würzen und mit Sesam bestreuen. Zum Reis essen.

Zutaten

- 30 g Reis
- Salz
- 1 Möhre (75 g)
- 150 g gelbe Paprikaschote
- 100 g Chinakohl
- 100 g Zuckerschoten
- 50 g Sojasprossen
- 1 EL Sesamöl
- Pfeffer
- Ingwer
- 1 TL Sesam

Saltimbocca mit Nudeln

Zutaten

- 1 Putenschnitzel (125 g)
- 1 Scheibe Lachsschinken
- 2–3 Salbeiblätter
- 1 Tomate (50 g)
- 30 g Spaghetti
- Salz
- 1 TL Öl
- Pfeffer

1. Das Putenschnitzel mit der Scheibe Lachsschinken und den Salbeiblättern belegen. Alles mit einem Zahnstocher feststecken.

2. Die Tomate waschen. Den Stielansatz mit einem spitzen Messer keilförmig herausschneiden. Das Fruchtfleisch erst in Achtel, dann in kleine Würfel schneiden.

3. Die Spaghetti nach Packungsanweisung in Salzwasser bissfest garen. Das Öl erhitzen. Fleisch darin von beiden Seiten etwa 3 Minuten braten. Die Tomatenwürfel zufügen und kurz mitbraten. Salzen und pfeffern.

4. Die Nudeln in ein Sieb geben und abtropfen lassen. Mit der Tomatensauce vermischen und zusammen mit der Saltimbocca auf einem Teller anrichten.

(Bild rechts)

Gemüsepfanne mit Kräuterquark

Zutaten

- 125 g Kartoffeln
- 1 Möhre (75 g)
- 125 g Kohlrabi
- 100 g Zucchini
- 1 TL Öl
- Salz
- Pfeffer
- 100 g Magerquark
- Zitronensaft
- Knoblauchpulver
- Getrockneter Thymian

1. Kartoffeln schälen und würfeln. Möhre und Kohlrabi putzen, schälen und in kleine Würfel schneiden. Zucchini waschen, putzen und in Scheiben schneiden.

2. Das Öl in einer beschichteten Pfanne erhitzen. Das Gemüse etwa 8 Minuten unter ständigem Rühren bissfest dünsten. Mit Salz und Pfeffer abschmecken.

3. Magerquark mit Zitronensaft, Salz, Pfeffer, Knoblauchpulver und dem getrocknetem Thymian verrühren. Nach Geschmack nachwürzen; zum gedünsteten Gemüse essen.

Geschnetzeltes mit Rösti

Zutaten

- 100 g Schweineschnitzel
- 2 Lauchzwiebeln (à 50 g)
- 150 g Champignons
- 1 TL Öl
- 1 TL Crème fraîche
- Salz
- Pfeffer
- Thymian
- 1 tiefgefrorene Rösti

1. Das Schweineschnitzel quer in feine Streifen schneiden. Lauchzwiebeln waschen, putzen und in feine Ringe schneiden. Die Champignons mit Haushaltspapier abreiben und in Scheiben schneiden.

2. Fleisch in heißem Öl von allen Seiten etwa 5 Minuten anbraten. Lauchzwiebeln und Pilze zufügen, kurz mitbraten. Crème fraîche einrühren. Mit Salz, Pfeffer und Thymian herzhaft würzen.

3. Die tiefgefrorene Rösti ohne Fett nach Packungsanweisung in einer beschichteten Pfanne braten. Mit dem Geschnetzelten anrichten.

(Bild rechts)

Kartoffeln mit Kräuterdip

Zutaten

- 150 g Kartoffeln
- 1 Ei
- 1 kleine rote Paprika (125 g)
- 1/2 Bund Petersilie
- 50 g Cremequark (0,2 % Fett)
- 1 EL Joghurt-Salatcreme
- Salz
- Pfeffer
- Zitronensaft
- Knoblauchpulver

1. Die Kartoffeln mit Schale etwa 20 Minuten weich garen. Das Ei 8 bis 10 Minuten hart kochen.

2. Die Paprikaschote waschen und putzen; dabei Stielansatz, Trennwände und Kerne entfernen. Das Fruchtfleisch klein würfeln. Petersilie waschen, trockenschütteln und fein hacken.

3. Für die Kräutersauce den Cremequark mit der Joghurt-Salatcreme verrühren. Die Paprikawürfelchen und die Petersilie untermischen. Mit Salz, Pfeffer, Zitronensaft und Knoblauchpulver feinwürzig abschmecken. Die Kartoffeln abgießen und gut abdampfen lassen. Das Ei pellen und mit der kalten Kräutersauce zu den Kartoffeln essen.

Rotbarbe mit Fenchel

Zutaten

1 kleine Rotbarbe (150 g) oder 100 g Rotbarschfilet
Zitronensaft
Salz
Pfeffer
150 g Fenchel
20 g schwarze Oliven
1 TL Crème fraîche

1. Die Rotbarbe bzw. das Rotbarschfilet von beiden Seiten mit etwas Zitronensaft beträufeln, sparsam salzen und pfeffern. Fenchel waschen, putzen und in feine Scheiben schneiden. Das Fenchelgrün abzupfen.

2. Ein großes Stück Alufolie auslegen und das Fenchelgemüse sowie die Oliven in der Mitte darauf verteilen. Fisch darauf legen und mit dem Fenchelgrün bestreuen.

3. Crème fraîche mit etwas Zitronensaft, Salz und Pfeffer verrühren und über Fisch und Gemüse geben. Die Alufolie an den Ecken hochschlagen und zu einem Päckchen verschließen. 8 bis 10 Minuten unter dem heißen Grill garen.

(Bild rechts)

Scampi mit Spinat

Zutaten

100 g Scampi
Salz
Pfeffer
200 g Blattspinat
1 Zwiebel
1 Knoblauchzehe
1 TL Butter
Muskat
1 Tomate (50 g)
1 TL Öl
1 Stück Baguette (30 g)

1. Scampi falls nötig schälen und den schwarzen Darm entfernen. Scampi auf einen Holz- oder Metallspieß (Schaschlikspieß) stecken und mit Salz und Pfeffer würzen.

2. Den Spinat gründlich waschen. Zwiebel und Knoblauch abziehen und fein würfeln. Butter in einem Topf erhitzen. Zwiebel und Knoblauch darin dünsten. Den Spinat dazugeben und zusammenfallen lassen. Mit Salz und Muskat abschmecken. Die Tomate waschen, achteln und unter den Spinat mischen.

3. In einer beschichteten Pfanne das Öl erhitzen. Den Scampispieß hineingeben und von beiden Seiten 2 bis 3 Minuten anbraten. Auf dem Tomaten-Spinat-Bett anrichten. Dazu das Baguette essen.

(Bild S. 60/61)

Kartoffelpuffer mit Lachs

Zutaten

- 1 TL Öl
- 2 tiefgefrorene Kartoffelpuffer
- 100 g Cremequark (0,2 % Fett)
- Salz
- Pfeffer
- 125 g Gurke
- 50 g Räucherlachs
- Dill

1. Das Öl in einer beschichteten Pfanne erhitzen. Die tiefgefrorenen Kartoffelpuffer nach Packungsanweisung knusprig braun braten.

2. Währenddessen den Cremequark mit Salz und Pfeffer verrühren. Die Gurke schälen und auf der Gemüsereibe grob raspeln. Unter den Quark rühren.

3. Die heißen Kartoffelpuffer mit Räucherlachs belegen und mit dem Gurkenquark auf einem Teller anrichten. Mit gehacktem Dill bestreuen.

(Bild rechts)

Fischcurry

Zutaten

- 30 g Reis
- Salz
- 150 g Schellfisch
- 1 Möhre (75 g)
- 1/2 Apfel (50 g)
- 1 TL Öl
- Pfeffer
- Currypulver

1. Den Reis in 120 Milliliter Salzwasser etwa 20 Minuten gar kochen. Den Schellfisch in Würfel schneiden.

2. Die Möhre putzen, schälen und in dünne Scheiben schneiden. Den Apfel entkernen und schälen. Das Fruchtfleisch erst in schmale Spalte, dann in Würfel schneiden.

3. Öl in einer beschichteten Pfanne erhitzen. Schellfisch, Möhrenscheiben und Apfelstückchen darin von allen Seiten 5 Minuten dünsten. Curry darüber stäuben, mit Salz und Pfeffer abschmecken. Den Reis dazu essen.

Kartoffel-Krabben-Suppe

Zutaten

- 200 g Kartoffeln
- 1/4 l Gemüsebrühe
- 100 g Lauchzwiebeln
- 100 g Krabbenfleisch
- Salz
- Pfeffer
- 1 EL Crème fraîche

1. Die Kartoffeln schälen und grob würfeln. Mit der Gemüsebrühe zum Kochen bringen und in etwa 15 Minuten weich garen.

2. Währenddessen die Lauchzwiebeln waschen, putzen und in feine Ringe schneiden. Sobald die Kartoffeln weich sind, in der Brühe mit dem Pürierstab pürieren.

3. Die Lauchzwiebeln und Krabben in die Suppe rühren. Mit Salz und Pfeffer würzig abschmecken. Die Crème fraîche auf die Suppe setzen.

(Bild rechts)

Scholle mit Frühlingsgemüse

Zutaten

- 125 g Schollenfilet
- Zitronensaft
- Salz
- Pfeffer
- 1/2 Bund Dill
- 200 g Brokkoli
- 125 g Möhren
- 1 Zwiebel
- 1 TL Butter oder Margarine
- 1/2 Tasse Gemüsebrühe
- 1 TL Crème fraîche
- 1/2 Scheibe Toastbrot

1. Das Schollenfilet von beiden Seiten mit Zitronensaft beträufeln, salzen, pfeffern. Dill abbrausen, gut trockenschütteln und fein hacken.

2. Brokkoli waschen, putzen und in einzelne Röschen teilen. Die Stiele in mundgerechte Stücke schneiden. Möhren putzen, schälen und in Scheiben schneiden. Zwiebel abziehen und fein würfeln.

3. Das Gemüse einige Minuten in der heißen Butter oder Margarine andünsten. Mit Gemüsebrühe aufgießen, salzen und pfeffern und alles 5 Minuten garen.

4. Schollenfilet auf das Gemüsebett legen und alles zugedeckt weitere 5 Minuten garen. Crème fraîche und gehackten Dill einrühren. Mit Toastbrot essen.

Gemüsetortilla

1. Das Farmer-Gemüse nach Packungsanweisung im heißen Öl andünsten. Petersilie waschen, trockenschütteln und fein hacken.

2. Die Eier mit 2 Esslöffeln Wasser und je einer Prise Salz und Pfeffer verquirlen. Die gehackte Petersilie einrühren und die Masse gleichmäßig über dem Gemüse verteilen.

3. Die Tortilla bei geringer Hitze etwa 5 Minuten stocken lassen. Tortilla auf einen Teller stürzen, wieder in die Pfanne gleiten lassen und 2 Minuten von der anderen Seite braten.

4. Die Tomaten pürieren. Knoblauch abziehen und dazu pressen. Mit einigen Spritzern Tabasco abschmecken. Die Sauce zur Tortilla essen.

(Bild links)

Zutaten

1/2 Paket tiefgefrorenes Farmer-Gemüse (150 g)
1 TL Öl
1/2 Bund Petersilie
2 Eier
Salz
Pfeffer
1/2 Dose Tomaten (150 g)
1 Knoblauchzehe
Tabasco

Baguette »Hawaii«

1. Das Baguettebrötchen der Länge nach halbieren. Untere Hälfte mit Tomatenmark bestreichen und mit dem gekochten Schinken belegen. Ananas gut abtropfen lassen und darauf legen.

2. Toast-Scheiblette in schmale Streifen schneiden und auf dem Brot verteilen. Nach Geschmack mit je einer kräftigen Prise Cayennepfeffer und Paprikapulver bestäuben.

3. Die obere Baguettehälfte darauflegen. Das Sandwich im Backofen bei 160 °C (Gas Stufe 1) so lange überbacken, bis der Käse zerläuft.

Zutaten

1 Baguettebrötchen (60 g)
1 TL Tomatenmark
50 g gekochter Schinken
2 Scheiben Ananas (aus der Dose)
1 Toast-Scheiblette »light« (20 g)
Cayennepfeffer
Paprikapulver (edelsüß)

22.00 Betthupferl

Tipp

Essen Sie kurz vor dem Schlafengehen einen 100-Kalorien-Snack mit Eiweiß und Vitamin C. Das beruhigt die Nerven und aktiviert Hormone, die im Schlaf Fett abbauen und Pfunde schmelzen lassen.

Erdbeerjoghurt

1 Becher Magermilchjoghurt (150 g) mit etwas Zitronensaft verrühren. 100 Gramm Erdbeeren verlesen, klein schneiden und untermischen. Mit Flüssigsüßstoff abschmecken.
(Bild rechts)

Quark mit Limetten

100 Gramm Magerquark mit 2 Esslöffeln Limettensaft, etwas flüssigem Süßstoff und 1 Esslöffel fein gehackter Zitronenmelisse verrühren.
(Bild S. 84/85)

Frischkäse mit Erdbeeren

125 Gramm Erdbeeren waschen, putzen und klein schneiden. Mit 1 1/2 Esslöffeln körnigem Frischkäse mischen.

Limettenkefir

1 Limette halbieren, auspressen. Den Saft mit 150 Milliliter Kefir verrühren. Mit Flüssigsüßstoff abschmecken.

Orangen-Drink

1/2 Becher LC1-Drink-Orange und 100 Milliliter Orangensaft in ein Schraubglas geben und kräftig durchschütteln.

Kefir mit Grapefruit

1/2 Grapefruit auspressen. Den Saft mit 100 Milliliter Kefir mischen. Nach Geschmack mit flüssigem Süßstoff süßen.
(Bild links)

Fruchtbuttermilch

125 Gramm Erdbeeren waschen, putzen und mit dem Pürierstab zerkleinern. 150 Milliliter Buttermilch zugießen und nochmals durchmixen.
(Bild links)

Preiselbeerquark

2 Esslöffel Cremequark (0,2 % Fett) mit 1 Esslöffel Preiselbeerkompott (aus dem Glas) mischen.

Tropenmilch

1/8 Liter fettarme Milch mit 1 Esslöffel Limettensaft, 1 Teelöffel fein gehackter Zitronenmelisse und einigen Spritzern flüssigem Süßstoff verrühren.

Mandarinenjoghurt

2 Mandarinen schälen. In einzelne Stücke zerteilen, diese würfeln und mit 150 Gramm Magerjoghurt mischen.

Ananas-Shake

100 Milliliter Buttermilch mit 100 Milliliter Ananassaft (aus der Flasche) im Mixer schaumig schlagen.

Zitronenjoghurt

1 Becher Vollmilchjoghurt (150 Gramm) mit etwas Zitronensaft und flüssigem Süßstoff verrühren.
(Bild rechts)

Tipp

Bewegung und Sport sind ein Muss, wenn Sie abnehmen wollen. Trainieren Sie jedoch nicht zu spät. Mindestens zwei Stunden sollten zwischen dem letzten Training und der Nachtruhe liegen.

Tipp

Machen Sie sich nicht zum Sklaven Ihrer Waage. Es reicht völlig, wenn Sie Ihr Gewicht alle vier bis fünf Tage kontrollieren.

Und: Wiegen Sie sich immer zur gleichen Tageszeit, am besten morgens vor dem Frühstück.

Orangenkefir

125 Milliliter Kefir mit 75 Milliliter frisch gepresstem Orangensaft in ein Schraubglas geben und kräftig schütteln.
(Bild rechts)

Molke-Shake

100 Gramm aufgetaute TK- Himbeeren pürieren. Mit 100 Milliliter Molke und dem Saft von 1/2 rosa Grapefruit im Mixer schaumig rühren.

Orangenquark

1/2 Orange schälen; dabei auch die weiße Innenhaut entfernen. Mit einem spitzen Messer die einzelnen Filets aus den Trennhäuten herauslösen. Klein schneiden und mit 100 Gramm Cremequark (0,2 % Fett) verrühren.

Grapefruit-Frischkäse

1/2 unbehandelte rosa Grapefruit unter heißem Wasser abwaschen. In dünne Spalte schneiden und mit 1 Esslöffel körnigem Frischkäse (40 g) mischen. Mit einem Zweig Pfefferminze garnieren.

(Bild unten)

Tipp

Sind Sie eingeladen und möchten gerne ein Gläschen trinken? Lassen Sie Bier und Cocktails links liegen und genießen Sie stattdessen trockenen Weißwein oder Sekt, die schlagen pro Glas nur mit etwa 80 Kalorien zu Buche. Noch besser: Weinschorle.

Himbeer-Buttermilch

120 Gramm aufgetaute TK-Himbeeren mit dem Pürierstab zerkleinern und mit 150 Milliliter Buttermilch verrühren. Nach Geschmack mit Flüssigsüßstoff fein abschmecken.

Blaubeerquark

100 Gramm Cremequark (0,2 % Fett) mit 1 Esslöffel Mineralwasser glatt rühren. 100 Gramm Blaubeeren waschen, abtropfen lassen und untermischen.

Früchte mit Frischkäse

Je nach Saison 100 Gramm Beeren, Ananas oder Zitrusfrüchte putzen und klein schneiden. Mit 100 Gramm körnigem Frischkäse vermischen.
(Bild unten)

15.00

*Ein »*JOURNAL FÜR DIE FRAU*« Buch*

Konzeption Geert Zebothsen

Realisation: Das JOURNAL–Diät–Team

Leitung: Brigitte Scharnhorst und Klaus Heitkamp

Bildnachweis:
Titelbild und Innenteil: Ursula Sonnenberg, außer S. 4/5 (Beeren): Karl Newedel

Hinweis
Das vorliegende Buch ist sorgfältig erarbeitet worden. Dennoch erfolgen alle Angaben ohne Gewähr. Weder Redaktion noch Verlag können für eventuelle Fehler oder Schäden, die aus den im Buch gegebenen praktischen Hinweisen resultieren, eine Haftung übernehmen.

3. Auflage 2001

11.00

Redaktion: Sylvie Hinderberger

Koordination: Sylvie Hinderberger, Christopher Hammond

Redaktionsleitung: Nina Andres

Bildredaktion: Sylvie Hinderberger, Christopher Hammond

Umschlag und Layout: Manuela Hutschenreiter

DTP/Satz: Der Buch*macher*, Arthur Lenner

Produktion: Manfred Metzger (Leitung), Annette Aatz, Dr. Erika Weigele-Ismael

Printed in Italy

Gedruckt auf chlor- und säurearmem Papier

ISBN 3-517-06166-2

19.00